30秒看世界

U0852786

30秒认识海洋

[英] 珍·格林 著
[英] 韦斯利·罗宾斯 绘
[特多] 迪娃·阿蒙 顾问
韩博洋 译

中信出版集团 | 北京

图书在版编目（CIP）数据

30 秒认识海洋 /（英）珍·格林著；韩博洋译 . --
北京：中信出版社，2019.7
（30 秒看世界）
书名原文：Oceans in 30 Seconds
ISBN 978-7-5217-0732-8

I. ① 3… II. ①珍… ②韩… III. ①海洋 – 少儿读物
IV. ① P7-49

中国版本图书馆 CIP 数据核字（2019）第 117349 号

Oceans in 30 Seconds
Simplified Chinese translation copyright © 2019 by CITIC Press Corporation
ALL RIGHTS RESERVED

本书仅限中国大陆地区发行销售

30秒认识海洋

著　　者：[英] 珍·格林
译　　者：韩博洋
出版发行：中信出版集团股份有限公司
（北京市朝阳区惠新东街甲 4 号富盛大厦 2 座　邮编　100029）
承 印 者：北京利丰雅高长城印刷有限公司

开　　本：787mm × 1092mm　1/16　　印　　张：5　　字　　数：60 千字
版　　次：2019 年 7 月第 1 版　　印　　次：2019 年 7 月第 1 次印刷
京权图字：01-2018-7505　　广告经营许可证：京朝工商广字第 8087 号
审 图 号：GS（2018）5921 号
书　　号：ISBN 978-7-5217-0732-8
定　　价：460.00 元（全 20 册）

图书策划：见识城邦
策划编辑：肖雪　程时音　　责任编辑：卢建勇　曲沛然　于贺
营销编辑：杨瑛　　装帧设计：象上设计
责任印制：刘新蓉

版权所有·侵权必究
如有印刷、装订问题，本公司负责调换。
服务热线：400-600-8099
投稿邮箱：author@citicpub.com

30秒认识海洋

目录

序

60秒介绍

你听说过蓝色星球吗？来吧，猜猜看。你现在正生活在这个星球上！超过三分之二的地球表面被水覆盖，其中大部分是咸海水和海洋。这些水下世界是迷人的、深邃的，而且很神奇。准备好一起潜入并探索水下世界吧。

本书将带你进行一次探索之旅，从海岸的形成、影响天气的巨大力量到最深、最黑暗的海洋深处。几个世纪以来，海洋一直很神秘，即使是现在，仍然有很多东西有待发现。我们要了解潮汐是如何与月球联系在一起的，参观珊瑚王国，认识生活在深渊中的怪异生物。让我们从沉船到飓风，来揭秘并阅读有关第一批海洋探险家的故事。

在当今世界，海洋发挥着至关重要的作用。我们在获取食物、旅行、能源利用等方面都依赖着海洋。但它们正处于危险之中。本书有助于我们了解气候变化及人类行为对水域造成的危害，并由此认识到我们可以采取哪些行动来帮助拯救海洋。

本书中的每个海洋主题都可以从你喜欢的页面开始快速浏览，以便你可以快速掌握主要内

容。还有一个方便的3秒钟总结法。读完基础知识，你就可以通过完成任务的方式从安全的陆地上探索海洋世界：创造你自己的洋流、建造火山岛、进行全球变暖的实验……现在，穿好救生衣，准备起航吧。

蓝色星球

从太空俯瞰，地球是蓝色的，这是因为它的大部分表面都被水覆盖。但是其中只有3%是淡水，其余的是咸水海洋。大自然通过风和海浪使海水流动，并塑造了我们星球的表面和天气。

海和洋

30秒大揭秘

当你在海边游泳时，你身处的海水与地球上所有的海洋都在循环着。这是因为海水是相连的，这才构成了一片汪洋大海。

地球上有五大洋：太平洋、大西洋、印度洋、南大洋以及北冰洋。地球上还有很多小型的海，海一般是指临近海岸，被陆地部分包围的地方。大型的内陆盐湖也被称作海，不过它们不属于海洋的一部分。

太平洋是目前最大最深的海洋，它最宽的位置甚至环绕了半个地球！大西洋的面积只有太平洋的一半，是世界第二大海洋。温暖的印度洋有一部分被珊瑚礁环绕着。冰冷又多风暴的南大洋环绕着南极洲，而北冰洋是最小、最浅的大洋。

海洋是咸的，这是因为海水中含有来自陆地的矿物质。海底火山喷发和深海热泉也会释放矿物质。这些矿物质中的钠和氯是构成盐的主要成分。

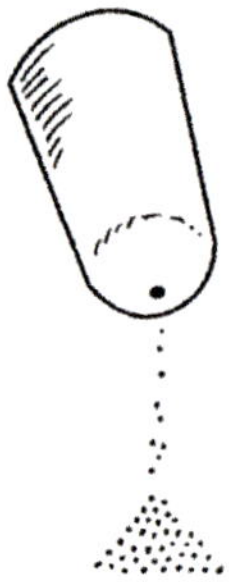

3分钟任务

下沉还是漂浮?

盐增加了水的密度，使物体的浮力更大。这就是为什么在海水中漂浮比在淡水中更容易，你可以在家中做实验。

你需要：杯子、水、鸡蛋、盐和汤匙

1. 将杯中装满水。
2. 将鸡蛋缓慢地放入水中，观察会发生什么。
3. 将鸡蛋拿走，加两汤匙盐并快速搅拌。
4. 再把鸡蛋放进去。盐增加了浮力，鸡蛋将会浮起。

3秒钟总结

地球有五大洋和很多较小的海。

地球上有五大洋：太平洋、大西洋、印度洋、南大洋以及北冰洋

自15世纪以来，船只已经横渡大西洋

北极熊生活在北冰洋，它是最冷的海洋

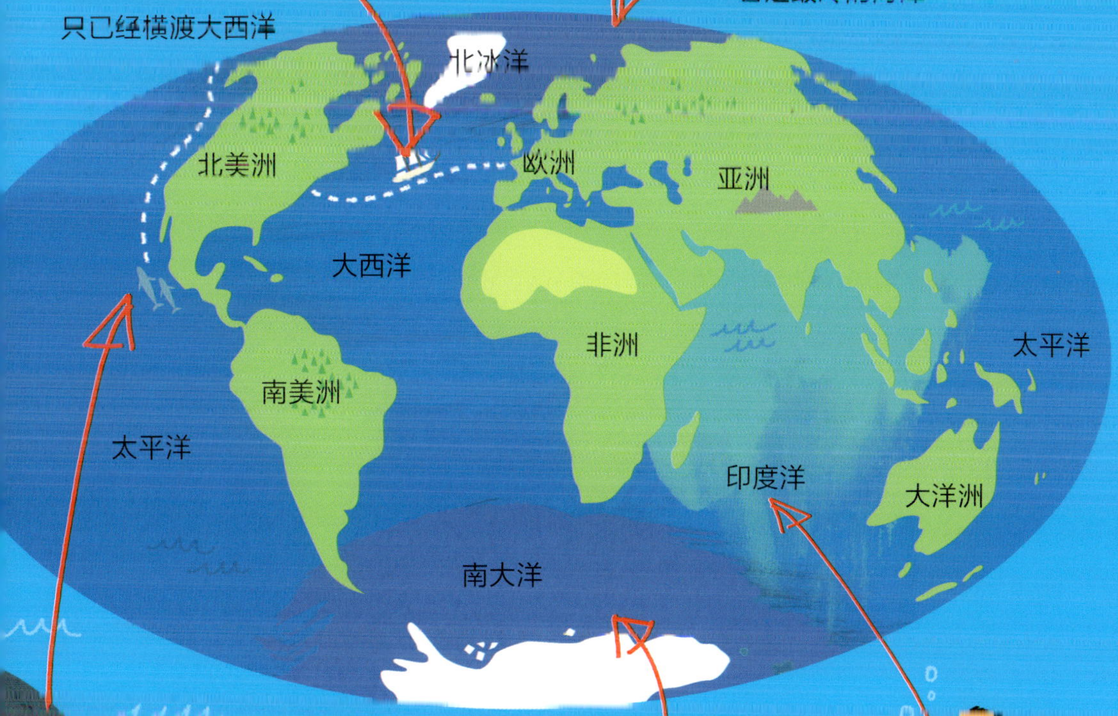

企鹅生活在寒冷的南大洋

灰鲸在北美太平洋沿岸向北迁徙

小丑鱼（海葵鱼）生活在温暖的印度洋海域中

风和浪

30秒大揭秘

海洋中的水从来不会静止，而是被海浪、潮汐和洋流不停地推动着。海浪是由于风吹过水面而引起的。风越大，激起的浪就越大。海水的深度也会影响海浪的大小和速度。

海浪的最高点称为波峰，波峰之间的最低点称为波谷。海浪的高度就是波峰和波谷的差值。有些海浪是巨大的，七级以上的强风可以激起超过15米高的海浪。

看着波涛汹涌的大海，你可能会认为这些海水从远方呼啸而来。事实上，它们都是在一个圆圈内移动并最终回归原点。这就是海鸟在海面上忽沉忽浮却仍在同一个地方的原因。

在开阔的深海水域，由风而起的海浪称为巨浪。当这种海浪冲向较浅的水域时，海床会阻隔水的循环，因此海浪会突然向上卷起并破裂，形成泡沫状的波峰。这些浪花是冲浪者喜欢的类型！

3分钟任务

制造海浪

下次洗澡时，或者在一个干净的碗里装满水，你可以做如下实验：

1. 缓慢地朝水面吹气，再小的一口气也会引起波纹。
2. 在水面上放置一个漂浮的塑料小鸭子或其他漂浮物。
3. 再次吹气，不要直接吹向漂浮物。
4. 漂浮物会在波浪上浮动，但它们应该保持在大致相同的位置。

3秒钟总结

海浪是风吹过水面产生的。

风在海面上吹起的波纹叫作海浪

海浪触碰到海岸时将会卷起

在浅水区，海床阻挡了海水的自由流动

在浅滩，风会将海浪变得更大

海浪的回流速度快于前进速度，导致海浪向上卷起并破裂

海浪由海面上的风引起，到达海岸时就会破裂

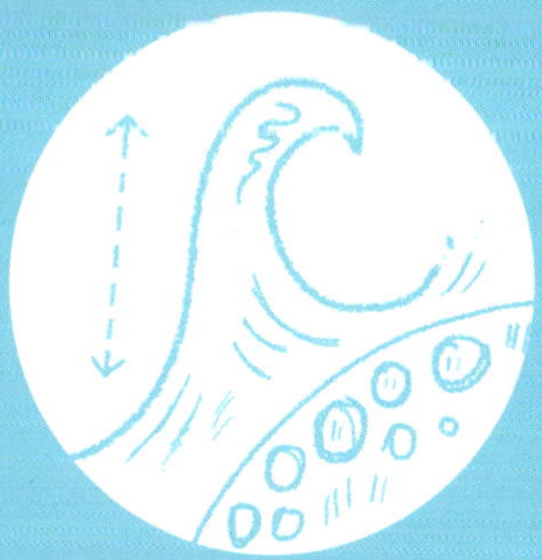

当海浪撞击到倾斜的海岸时，它们将变得更大

风、洋流和海岸的形状让一些海滩成为冲浪的绝佳去处

潮汐

30秒大揭秘

海平面一天会涨潮两次，海水冲上海岸，淹没海滩和港口，随后又回落，留下岸边浅滩。这便是潮汐。

令人惊奇的是，地球每天的潮汐是由月球的引力作用引起的。月球围绕地球运行，它的引力会对海水造成影响。这导致在月球正下方的海水会形成凸起，从而引发涨潮。而在地球的另一面，海水也会形成凸起。当地球自转时，这两个凸起横扫海洋，给世界各地的海岸带来了涨潮。

太阳的引力同样影响着海洋，但这个引力要弱得多。然而，每个月有两次，太阳、月球与地球会形成一条直线，这会叠加它们的引力，产生更剧烈的潮汐，称为大潮。而当太阳和月球与地球的连线角度形成直角时，会削弱它们的引力，产生较弱的潮汐，称为小潮。

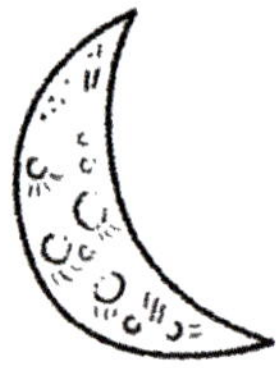

3秒钟总结

潮汐主要是由月球的引力作用引起的。

3分钟任务

高处和低处的水

在海边旅行时，找出涨潮和退潮之间的距离。

1. 在沙滩上，找到涨潮的标志，通常一排海草和碎贝壳标志着潮汐的最高点。

2. 当退潮时，从涨潮处径直走到海边，数一数你走了多少步。

3. 测量你走一步所跨出的距离。

4. 用一步跨出的距离的测量值乘以步数，就可以计算出涨潮点和落潮点之间的距离。

在太阳和月球的引力作用下，形成了潮汐

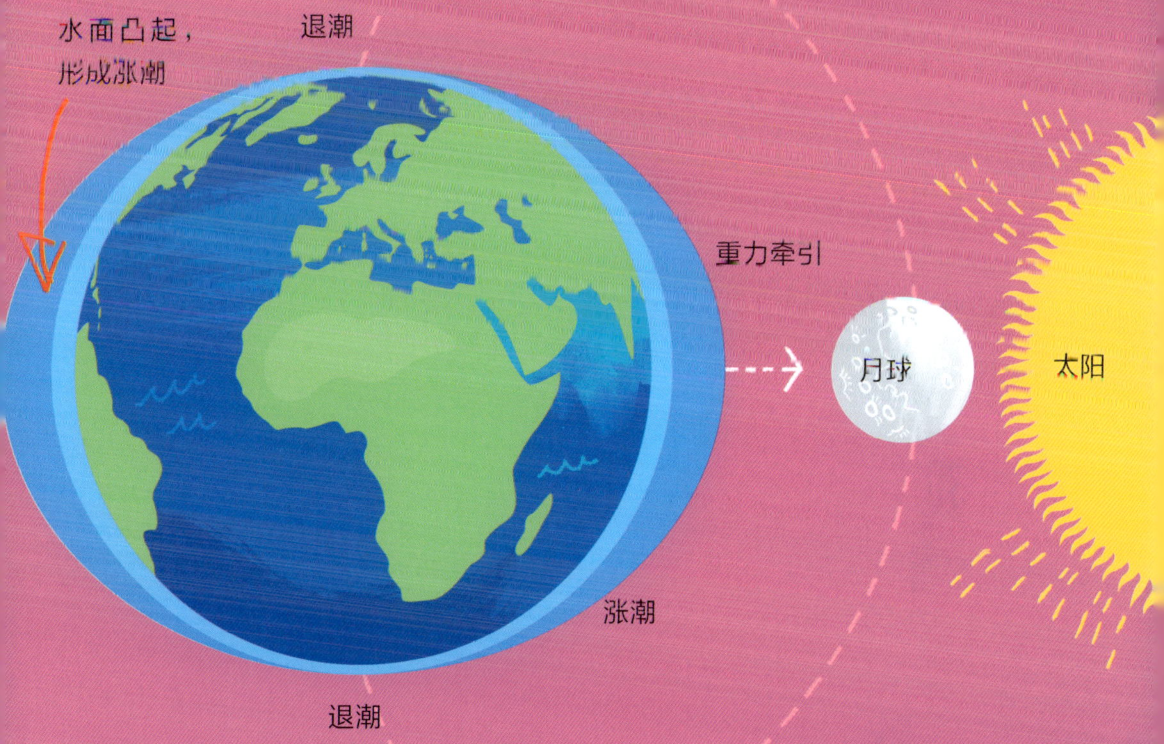

退潮时的沙滩

涨潮时的沙滩

涡流

30秒大揭秘

洋流像河流一样流过海洋。洋流主要有两种类型：风海流和补偿流。

风海流是由海风吹过海面引起的。这些洋流由周围的陆地引导，形成巨大的漩涡。它们在北半球按顺时针方向流动，在南半球按逆时针方向流动。

风海流有助于把太阳的热量传播到全球各地。来自热带的暖流向南北流向两极。极地寒流流向赤道，使附近海岸变冷。例如，堪察加半岛的寒流从北极流向日本周围的温暖水域，使其降温。

深水补偿流密集而寒冷。在一些地方，例如极地地区，地表冷水会下沉。在其他地区，深海冷水可能会上升，将富含矿物质的水流带到地表。这些垂直的洋流称为下降流和上升流。

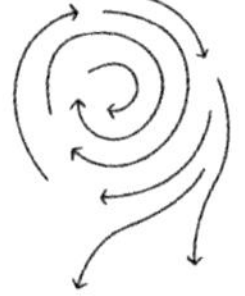

3分钟任务

观察环流

你需要：碗、水和滑石粉

1. 将碗里装满水，在表面撒一点滑石粉。

2. 轻轻地吹过碗中间。滑石粉覆盖的水会沿着两个方向旋转，一个按顺时针方向流动，另一个按逆时针方向流动。

这是因为你呼出的气流就像赤道上的强风，使洋流运动起来。

3秒钟总结

风海流和补偿流都穿过海洋。

洋流有两种类型：
风海流和补偿流
帆船需要注意风向
和风海流
风海流沿着
海岸流动
上升流给地表带来了
富含营养物质的冷水
上升流从深
海中涌出

空气和海洋

30秒大揭秘

地球上有一定数量的水，它们不断地在空气、海洋和陆地之间循环。当循环时，它们从液体变为气体，然后再变为液体。这种无休止的变化过程称为水循环。

当太阳照射在海洋、湖泊和河流上时，热量会使水汽上升到空气中。这个过程叫作蒸发。温暖、潮湿的空气上升到高处，在那里冷却，湿气凝结成微小的水滴或冰晶，聚集成云。当云遇到冷空气时，它内部的水汽再次凝结，并以雨的形式落下。雨水落入河流和小溪，流入海洋，形成了一个完整的水循环。

海洋也以其他方式影响着天气。在有潮湿的风吹过海洋的地方，降雨量很大，这就是为什么沿海地区通常比内陆地区更潮湿。沿海地区的气候也比内陆地区温和，因为夏天海水升温的速度比陆地慢，而且保持热量的时间更长。这使沿海地区在夏天更凉爽，但在冬天更温暖。

3秒钟总结

水分不断地在空气、海洋和陆地之间循环。

小知识

史前水？

从水龙头里取一杯水，放在你旁边。你能猜出它的年龄吗？水可能是最近从天上落下的雨，但水是地球上本来就存在的。地球上的水资源有限，所以水在水循环中永远不停息。也许你正在喝的水就来自一只恐龙曾经走过的湖！

阳能
水在空气、海洋和
陆地之间不断循环
云是由水滴或
冰晶构成的
云在陆地上移动
时形成并升起
雨、冰雹、冻雨或
雪从云中飘落
雪从山上融化
并且流入河里
水是从海洋
表面蒸发的
河流将水送回海洋

迷人的海岸线

世界上的海岸线绵延1 162 306千米，是地球周长的25倍多。海岸线风景，例如陡峭的悬崖和沙滩，是由海浪、潮汐和洋流形成的。其他的力量也在起作用，它们塑造了深海的海床，创造了壮观的景色。可以说无论是海底还是海面，甚至是在地球的两极，都有海洋形成的美景。

海底

30秒大揭秘

如果你乘潜水艇潜入海洋深处，你会发现那里的景色和陆地上的一样壮观和美丽。在海岸附近，海水很浅，因为地球的陆地被宽阔平坦的大陆架包围。突然，海底变成了一片广阔的平原，平原上点缀着高耸的山峰、火山和绵延的山脉，还有陡峭的悬崖和巨大的海沟。欢迎来到神奇的深海世界。

陡峭的山峰、火山和深沟都是由构成地壳的巨大而坚硬的板块运动形成的。在海洋下面，这些构造板块是陆地的一部分。这些板块就像筏子一样在炽热、熔化的岩石上漂浮。在熔融层中洋流的驱动下，它们缓慢地在全球范围内移动，相互碰撞，擦肩而过或分开。

当两个板块分开时，熔化的岩石就会涌起以填补缺口。这就形成了火山，最终在板块交会处形成了长长的山脉。与两个板块相撞时，一个板块被迫俯冲到另一个板块之下，形成一条深海沟。如果两个板块擦肩而过，双方的摩擦作用便会引起地震。

3分钟任务

制作你自己的地壳板块

拿一个煮熟的鸡蛋，把蛋壳敲碎。把蛋壳作为地球的外壳，并分成板块。蛋壳正如地球的外表面。如果你移动蛋壳的碎片，某些地方便会断裂，蛋清会露出来。同样的事情也发生在地球上，但在地球上，它创造出了山脉、地震和新的海沟。

3秒钟总结

海底有山脉、火山和深海沟。

大陆架
海山是一座
海底山
海底陡然向深海倾斜
一个岛形成于海
底火山冲破海面
的地方
深海平原
海沟是在板块碰撞
的地方形成的
海洋中部山脊是
一连串的海底山
脉，散布着火山
上冲板块
当板块相互碰
撞时，一个板
块会向下俯冲
俯冲板块
吸引人的海底是由地球
构造板块的运动形成的

海岸的形成

30秒大揭秘

海岸是陆地与海洋交界的边界地带。

沿着这条狭长的地带，风浪不停地向世界大陆和岛屿边缘的坚硬岩石发起持续的攻击，这一过程被称为侵蚀。

海浪每时每刻都拍打着海岸。这种持续不断的运动从天气平静时的轻微拍打，到猛烈风暴时引起的巨大的海浪冲击，不一而足。海浪拍打着海岸上的沙子、岩石和卵石。这些运动就像砂纸，冲刷并侵蚀着土地。

陆地被侵蚀的速度取决于海岸上发现的岩石。软岩，如白垩岩，很快就会被侵蚀，形成弯曲的海湾和小湾。坚硬的岩石，如花岗岩，磨损得更慢，形成陡峭的海岬，伸向大海。最终，即使是最坚硬的岩石也会屈服于海水的不断冲击。

3分钟任务

海浪之战

您需要：造型黏土、方形洗碗盆或高边蛋糕罐、沙子和水

1. 模压三块黏土，高约4厘米，宽2.5厘米，长6厘米。
2. 沿着碗或罐的一端铺上黏土“石板”，长边伸向中间，像岬角。
3. 在海岬之间填入沙子，表示海岸上的软岩。
4. 在碗的另一端加水至2.5厘米深。把碗抬起来，让水来回晃动。软软的“岩石”很快就会磨损，就像岬之间的海湾。

3秒钟总结

海水冲刷陆地的过程称为侵蚀。

房屋坠入大海
以前的崖面位置
多岩石的海岸线
逐渐被风浪侵蚀
岩壁后退
海浪拍击
海浪对海岸线
造成的破坏
涨潮
海浪侵蚀悬崖岩石，
形成一个悬垂

岩石的运动

30秒大揭秘

海浪和洋流并不总是侵蚀陆地。在一些海岸，它们实际上是通过在海岸附近搬运材料来帮助建造它。海岸水域的海床上堆积着沙子和卵石等岩石碎片。海浪和洋流沿着海岸冲刷着这些碎片。在海湾和入口处的避风区域，水流减弱，碎片掉落。残骸被冲到岸上，形成了海滩。这个过程叫作沉积作用。

海滩可以是岩石的，也可以是卵石或沙质的。在这里，波浪也在起作用，把粗糙的岩石磨成圆形的卵石。随着时间的推移，这些石头被分解，形成了鹅卵石海滩。进一步的侵蚀会把岩石磨成细沙。数十亿微小的岩石颗粒填满了沙滩，风把松散的沙子堆积成海滩后面的沙丘。

材料的积累可以创造新的事物。沙嘴是由一堆岩石碎片形成的从陆地指向海湾或河口的沙滩。有时，这些碎片会穿过海湾形成一个沙洲，沙洲后面的水便形成了一个咸咸的潟湖。

沿着一些海岸，沙子或泥土被冲刷到海里，形成岛屿。在非常猛烈的风暴中，岛屿会沿着海岸移动。

3秒钟总结

海浪和洋流不断冲刷岩石碎片形成海滩、沙嘴和岛屿。

小知识

沿岸流

当海浪以一定的角度拍打海岸的时候，还从海岸带走了沙子和鹅卵石。这个过程称为沿岸流，它可以横扫整个海滩。被称为丁坝的围栏建在与海滩呈直角处，以保持沙子和鹅卵石固定在适当的位置。

海浪和水流把岩石碎片抛到陆地上，从而形成海岸线
随风堆积的沙子形成了沙丘
海滩
沙丘
沙嘴是由沙或泥形成的
沿岸流沿着海岸蔓延
丁坝固定沙土的位置
沙子和卵石被沿岸流冲走

岛屿

30秒大揭秘

岛屿是陆地完全被水包围的区域。岛屿主要有两类：海洋型和大陆型。

海洋型岛屿离陆地很远，常常是海底火山的顶端。当火山在海底喷发时，熔岩堆积起来形成一个水下山峰，称为海山。如果火山继续喷发，海山会不断扩大，直到最终冲破海面，成为一座岛。

在一个叫作热点的地方形成了一个岛链。这是构造板块中心的一个薄弱点，熔岩从裂缝中涌出，形成一个水下火山，然后形成一个岛。随着时间的推移，热点停留在一个地方，而板块慢慢滑过它。这意味着，当一座火山停止喷发时，另一座火山就开始喷发。

大陆性岛屿从大陆架的浅水区延伸出来，位于世界陆地的边缘。当海平面低的时候，它们是大陆的一部分。海平面上升时，地势低洼的地方会被淹没，山丘会变成岛屿。

3分钟任务

火山岛

你需要：小碗、水和几枚硬币

1. 将一个小碗装满水，深度为4厘米。

2. 将硬币轻轻地投到碗中央，每一枚硬币代表一次火山爆发。

3. 当你加入更多的硬币时，“火山”慢慢上升，最终形成了一座岛。

3秒钟总结

岛屿是陆地完全被水包围的区域。

一些海洋型岛屿是由海底火山喷发而形成的
最古老的岛离热点最远
这些岛屿很久以前就停止了喷发
板块运动方向
熔岩喷发形成火山
当板块移动到一个热点时，新的岛屿就形成了
岩浆房
热点是炽热的岩石从地壳的一个薄弱点涌出来形成的
热点

极地海洋

30秒大揭秘

如果你到地球的最北部或最南部旅行，会发现北极和南极的海洋是世界上最冷、最狂暴的海洋。极地海洋看起来与其他海洋迥然不同。在一年中的大部分时间，它们都被浮冰覆盖着。

那么，为什么极地海洋如此寒冷？因为地球的表面是弯曲的，并且两极远离太阳，所以太阳的光线大部分照射在地球较宽的区域。这降低了两极的加热能力。冬天，太阳永远不会升到地平线上，所以在两极，一天24小时都是黑暗的、寒冷刺骨的。

极地地区的陆地大部分被4 000米深的厚冰层覆盖着。冰也会以冰川的形式从山上缓缓地向海岸移动。当冰到达海岸时，它在海面上扩散，形成浮冰架。巨大的冰块可能会断裂形成冰山。

冰山由洋流携带，漂流到温暖的水域，在那里它们可能对航运构成威胁。1912年，豪华邮轮“泰坦尼克号”就是在北大西洋撞上冰山沉没的。冰山只有十分之一会露出海面，其余部分位于海面以下。

3秒钟总结

极地海洋在一年中的大部分时间都被浮冰覆盖着。

小知识

冰上的生命？

冰山可能看起来没有生命，但事实并非如此。许多藻类植物生长在冰晶之间或冰山底部。小鱼钻进冰窟里以躲避掠食者，无脊椎动物以虾类动物——磷虾为食，海鸟也可以在冰山上筑巢。

极地海岸的显著特征包括冰川、浮冰架和冰山

海洋生物

世界上的海洋彼此相连，形成了一个巨大的咸水环境。反过来，这片广袤无垠的水域又可分为许多较小的生态环境，如珊瑚礁、极地海洋和又深又黑的海沟。每个生态环境都有不同的条件，适合特定的生物生存。

阳光普照的海面

30秒大揭秘

从阳光普照的海面到漆黑冰冷的深海，海洋的每一层，都是不同生物的家园。阳光普照的水域氧气充足，相对温暖，充满生机。这个生态环境是海洋中生命最集中的地方。

各种大小的植物在接近地表的地方茁壮成长，它们利用阳光制造食物并且生长。被称为浮游植物的微小植物漂浮在阳光明媚的区域，为许多动物提供食物。太平洋有很多岩石海岸生长的海带，被称为巨型海藻森林。巨藻的波浪状叶片长度可达45米！这些水下森林为鱼类、螃蟹、海胆、海豹和海獭提供了栖息地。

生活在水面上的动物包括水母，它们用带刺的触须捕捉鱼等小猎物。许多水面上的鱼有深色的背部和苍白的腹部。这种颜色叫作反晕，可以帮助它们躲避水面上的捕食者（如鸟类）和水面下的捕食者（如大鱼）。鱼用鳃从海水中过滤氧气，但是像海龟这样的动物必须浮出水面呼吸空气。

像鱼一样游泳

鱼、海豹和鲸鱼都有光滑、流线型的身体，形状像鱼雷，很容易在水中穿行。

你可以在游泳池里测试身体形状是如何改变运动的。在浅水区，试着正常走路。你会发现这样做是不可能的，因为水会挤压你，产生一种叫作阻力的力量。现在把你的肚子浮在水面上，向前游泳。这种姿势使你的身体呈现更加明显的流线型，就像海豹或海豚的形状。这样可以减少阻力，使你在水中穿梭更加自由。

3秒钟总结

阳光普照的海面上充满了生命。

海带森林是阳光照射下产生的一种生境类型
太阳的光线照亮并加热浅水面
浮游植物生活在温暖的浅水区中
海豚通过喷水孔呼吸空气
海鸟通过俯冲来捕捉水面下的鱼
阴影可以把鱼隐藏起来
水母用带刺的触须捕捉猎物
海獭通过潜水觅食海胆
螃蟹在海底寻找食物
海带有帮助它漂浮的气囊

深海

30秒大揭秘

只有海洋的上层有阳光照射并且富含氧气。在水下200米的暮光区，只有微弱的光从上面照射下来。在1 000米以下的午夜区没有任何光线。4 000米以下漆黑冰冷的海水被称为“深海区”，在那个区域生存的生物相对较少。有许多生物看起来怪异而奇妙，但它们完全适应了深海这个充满敌意的世界。

走得越深，水对你的压力就越大。深海生物的身体可以承受这种压力，但离开深海，它们就无法生存。如果被带到海洋表面，它们会爆炸！

在深海中，食物非常缺乏，没有植物能在黑暗中生长。像吞鳗这样的鱼有巨大的嘴和具有弹性的胃，所以它们可以捕食它们遇到的任何猎物。这些鱼可以吞下大自己两三倍的猎物！

深海的底部是平坦的，覆盖着一层叫作软泥的深层沉积物。鼎足鱼生活在这里，但这些鱼不只是会游泳。它们有三条长长的鳍，当它们栖息在海底等待食物时，就像踩着高跷一样。

3秒钟总结

深海动物在寒冷、黑暗和巨大的压力下生存。

小知识

点亮一盏灯

深海中的一些鱼使用特殊的化学物质来制造自身的光。毒蛇鱼的腹部有一排灯，可以用来掩饰它们的影子。手电筒鱼通过“小灯”开关来吸引配偶。深海琵琶鱼嘴前有一个长鳍，垂着一盏“灯”。被光线吸引的鱼会被灯后的大嘴吃掉。

深海生物已经适应了寒冷、黑暗和压力
暮光地带：水下200 ~ 1 000米
手电筒鱼的眼睛下面有口袋，可以发光
毒蛇鱼有巨人的尖牙
潜艇可以潜到很深的地方
午夜区域：
水下1 000~4 000米
深海琵琶鱼用发光的内置钓竿捕鱼
吞鳗有弹性的胃，可以让它吃掉比自己大很多的猎物
深海区：
水下4 000~6 000米
鱿鱼
一些深海生物会发光，这叫作“生物发光”
海蜇
鼎足鱼的胸鳍能直接把食物送到嘴边
软泥：
深海区底部的沉积物

海洋食物链

30秒大揭秘

海洋是一个危险的地方，那里的生存法则是弱肉强食。海洋生物以彼此为食——叫作食物链的图表显示它们都吃些什么。

几乎所有的海洋食物链都是从植物开始的。植物用二氧化碳、溶解的矿物质和阳光为自己制造食物并据此生长，这在生物中是独一无二的。这个神奇的过程被称为光合作用。海洋植物包括海藻和海草，但海洋中的大多数植物都是由微小的浮游植物组成的。

这些微小的植物被称为浮游动物的微生物吃掉。这些浮游动物包括小虾和螃蟹。这些浮游动物被小鱼吃掉，而小鱼又被大鱼吃掉。强大的掠食者，如大白鲨和虎鲸成了食物链的顶端。当动物死亡时，它们的尸体会被一些食腐动物，比如虾和螃蟹吃掉。它们体内的矿物会被植物循环利用，任何东西都不会被浪费。

3秒钟总结

海洋生物以彼此为食。

小知识

菜单上有什么？

你知道海洋中最大的生物以最小的生物为食吗？

蓝鲸、座头鲸等大型鲸以浮游生物为食。世界上最大的鱼——鲸鲨和姥鲨也是如此。这些巨大的动物张开嘴，吞下富含浮游生物的水。垂在它们颌内的流苏盘过滤出浮游生物，然后吞食它们。

在一个海洋食物链中，植物在底端，大型食肉动物在顶端

鲨鱼和虎鲸处在食物链的顶端，因为它们几乎没有海洋掠食者

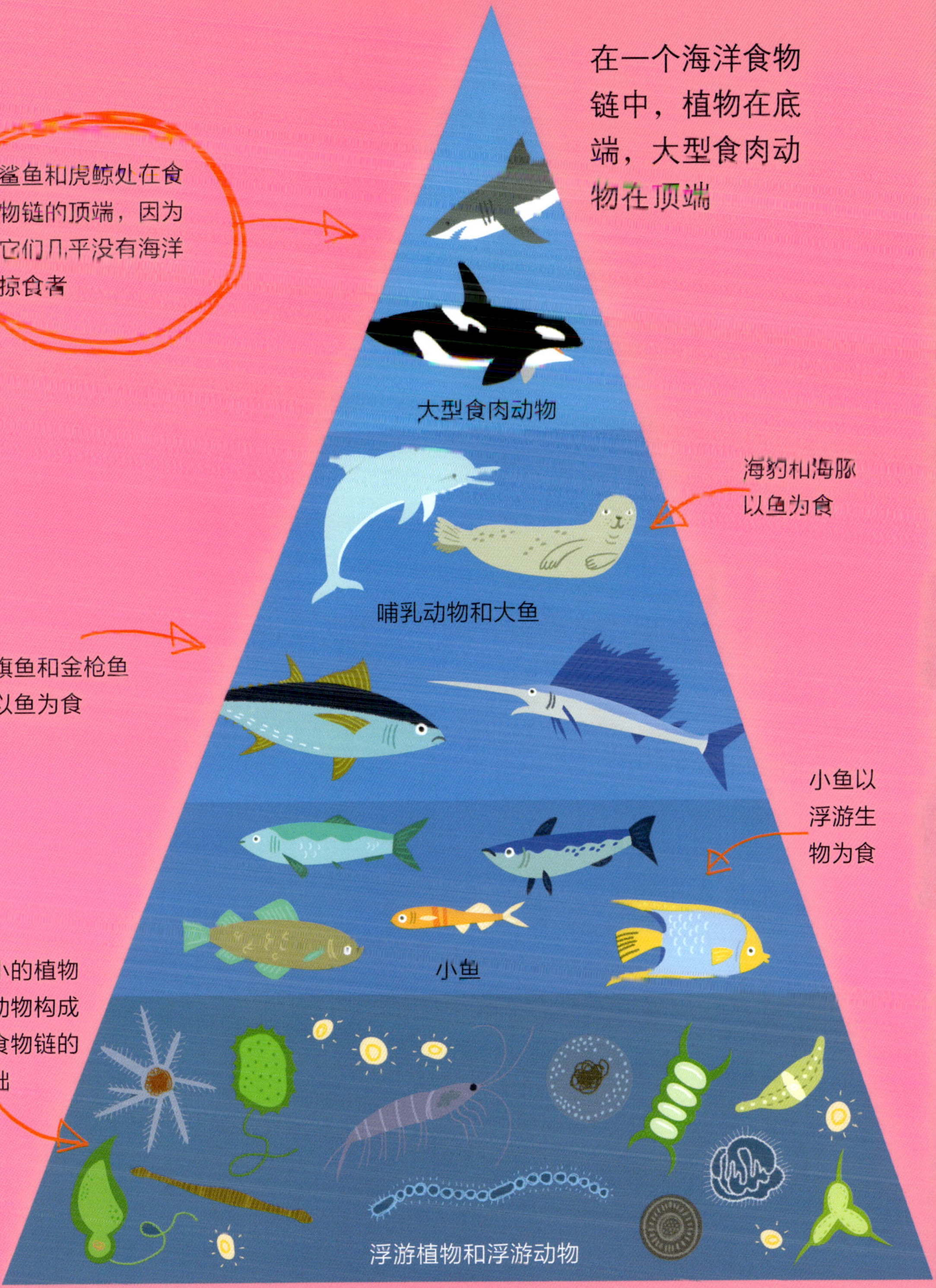

海豹和海豚以鱼为食

旗鱼和金枪鱼以鱼为食

小鱼以浮游生物为食

微小的植物和动物构成了食物链的基础

珊瑚王国

30秒大揭秘

珊瑚礁形成于热带温暖的浅海。最大的珊瑚礁非常巨大，可以在太空中看到它们，但它们完全是由一种叫作珊瑚虫的小动物形成的。

珊瑚虫与海葵有关。它们的身体很柔软，被白垩质的骨骼保护着。当珊瑚虫死亡时，骨骼会继续存在并逐渐堆积起来，形成一个珊瑚礁。这个过程非常缓慢。像澳大利亚的大堡礁已经有几千年的历史了。

珊瑚礁被称为海洋的雨林，因为和雨林一样，它们充满了生命。珊瑚礁生物包括色彩鲜艳的鱼类、章鱼、软体动物和海星，还有巨大的蛤蜊和大型海绵体。珊瑚礁上的每一个角落和缝隙都为白天活动或晚上出来觅食的动物提供了栖身之所。

大堡礁距澳大利亚2 600千米。它最大的敌人是一种巨大的、多刺的海星，这种海星会把自己翻过来，以活珊瑚为食。棘冠海星把胃从嘴里挤出来，并以消化液溶解珊瑚。

3秒钟总结

珊瑚礁是由一种叫作珊瑚虫的小动物形成的。

小知识

缓慢形成的珊瑚礁

珊瑚礁已经存在了数百万年，但世界上被它们覆盖的洋底不到0.1％。它们在温热、浅层和流水中生长得非常非常慢——每年0.3～10厘米。

珊瑚礁是比其他任何
海洋生态环境更多样
化的生物家园
从太空可以
看到大堡礁
黑鳍礁鲨是礁石的
顶级掠食者
鹦鹉鱼用锋利的
牙齿咬掉大块的
珊瑚，珊瑚被消
化后，以沙子的
形式排出
巨型蛤蜊以浮
游生物为食
棘冠海星吃
活珊瑚
小丑鱼藏在
海葵刺的触
须中
海马
水螅
珊瑚礁是由珊瑚虫的
白垩质骨骼构成的

冰冷的生态环境

30秒大揭秘

北极和南极是地球上最冷、最严酷的地方。虽然很少有生物生活在陆地上，但是极地海洋里有丰富的野生动物。在春天和夏天，浮游生物在海面繁殖，为虾和磷虾提供食物，而虾和磷虾反过来又喂养鱼类、鲸鱼和其他动物。

生活在极地附近的鸟类和哺乳动物借助浓密的羽毛或皮毛来保持温暖。海豹、鲸鱼、北极熊和企鹅的皮肤下也有一层厚厚的脂肪，使它们免受冰冷海水的侵害。

北极哺乳动物包括海象，它是海豹家族中最大的成员。海象以长牙而闻名，它们用长牙在海底挖掘贝类。白鲸和一角鲸只在北极被发现。白鲸因鸣叫而被称为“海金丝雀”。一角鲸长着长长的螺旋状獠牙，像独角兽的角一样。

南极洲以企鹅而闻名。它们是专业的潜水员，用鳍一样的翅膀在水中快速游动。企鹅最大的敌人是海豹。这些凶猛的掠食者撞上浮冰，把在上面休息的企鹅推入水里。

3秒钟总结

极地海洋中有丰富的生命，虽然陆地上的动物很少。

小知识

北极熊

北极熊是北极海域的顶级掠食者，它们一生中的大部分时间都在水中或冰上度过。它们最喜欢的猎物是海豹。它们在海豹用来呼吸的水洞旁等待。当海豹浮出水面呼吸空气时，熊用巨大的爪子一击就把它杀死了。

许多哺乳动物已经
很好地适应了北极
沿岸冰冷的环境

海象用它们的长牙
从水里爬上岸

北极熊以海豹为食，
会在海豹浮出水面
呼吸时吃掉它们

白鲸可以很容易地在
冰下游泳，因为它们
没有背鳍

一角鲸以鱼、
虾和鱿鱼为食

白鲸以鱼、
蟹和虾为食

海洋之旅

30秒大揭秘

并非所有的动物都生活在海洋的一个地方。许多动物把海洋当作水上公路，长途跋涉寻找食物、躲避严寒或到达安全的繁殖地。这种长途旅行被称为迁徙。鲸鱼、海豹、鱼、海鸟、海龟和龙虾都会迁徙。

想象一下，如果你走在非洲大陆上，几个月后，你就会转身往回走。许多动物的迁徙都是这样的过程。在春天，蓝鲸从热带游到极地海洋，以浮游生物为食。在秋天，它们一路游回来繁殖。

北极燕鸥夏天的时候在北极繁殖，那时候的北极一天24小时都是白天。在秋天，它们一路向南飞到南极洲，那里的夏天刚刚开始。一趟单程是1.5万千米，一年往返则是3万千米。

动物是如何在迁徙中找到路的？例如，鲑鱼在内陆溪流中孵化。作为幼小的鱼，它们会游向下游，在海洋中生活。随后，它们一路游回小溪，在那里孵化出自己的卵。它们利用敏锐的嗅觉找到了路，这种嗅觉可以探测到它们出生的溪流的“气味印记”。

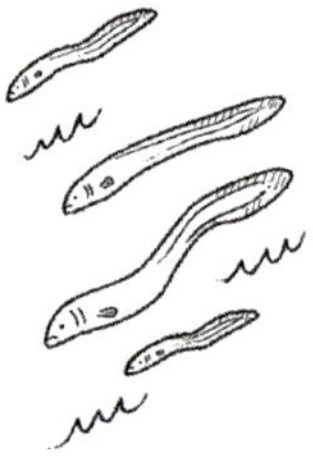

3秒钟总结

许多动物通过长途旅行穿越大洋。

小知识

冠军迁徙者

北极燕鸥以其在迁徙动物中迁徙距离最长而赢得了这个称号。它一年旅行3万千米，其寿命约为30年。它从格陵兰岛、北极飞到南极洲，从世界的一端飞到另一端！

海鸟、鱼和鲸鱼这样的动物在海洋中长途迁徙

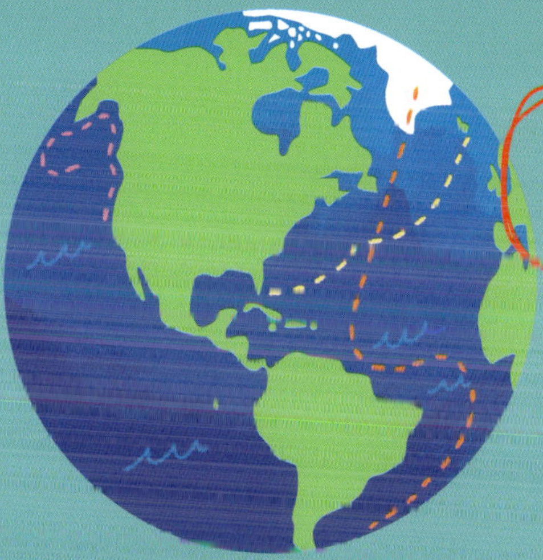

这个地球仪显示了鲑鱼、蓝鲸和燕鸥的迁徙路线

太平洋鲑鱼

鲑鱼在溪流中孵化和生长，但是……

成年后，它游向大海，生活在开阔的海洋中

北极燕鸥

燕鸥在北极繁殖，但是……

它会在南半球夏天时飞到南极觅食

蓝鲸

蓝鲸在温暖的热带海域出生，但是……

它会迁徙到极地地区觅食

海洋的危险

在风平浪静的时候，大海看起来很平静，但一切并不是它看起来那样。危险的暗礁和浅滩潜藏在海平面下，风暴、飓风和地震会引发巨浪，使许多船葬身水底。即使在陆地上，也不是绝对安全的，暴风雨和海啸会摧毁沿海城镇和城市。

飓风和风暴

30秒大揭秘

风暴对在海上或在海附近的人来说，都是很大的危险。强风卷起的巨浪高达15米以上。几个世纪以来，风暴夺去了成千上万个水手的生命。其中最危险的是飓风、台风和旋风，它们是巨大的旋转风暴，直径达数百千米——如此巨大，以至于从太空都能看到它们。

飓风始于温暖的热带海洋。从相反方向吹来的风相遇，然后开始螺旋上升。温暖潮湿的空气上升，形成巨大的暴风云，带来了雨水并释放热能。更多空气被吸入海底，加剧了风暴。

飓风的时速超过120千米。释放暴雨的暴风云在飓风中心，围绕着一个被称为“暴风眼”的平静区域旋转。

在海上，这些巨大的风暴是可怕的，但当它们到达陆地时造成的破坏最大。旋转的空气柱吸收海水，使海洋在下面激增。当这堵被称为“风暴潮”的水墙到达陆地，会横扫海岸，淹没沿海城镇，造成巨大的破坏。洪水和风暴的结合会摧毁沿海地区。

3秒钟总结

飓风是带有旋风的巨大旋转风暴。

卡特里娜飓风

2005年，卡特里娜飓风摧毁了美国南部的新奥尔良市。海水冲过了防洪堤，肮脏发臭的水覆盖了这个城市数月，造成1 800多人死亡。

当飓风到达陆地时，会造成严重的破坏

海啸

30秒大揭秘

当海底地震冲击海床时，会导致海床上方的海水剧烈地晃动。接着海浪从这个地方向四面八方扩散，并迅速穿过海洋，这叫作海啸或潮汐波。海啸也可能是由猛烈的火山喷发或悬崖崩塌引起的，把海水溅得到处都是。

在海上，海啸形成低浪，很少超过半米高。水手们几乎无法注意到它们。但当海浪到达浅水区时，它们的高度将达到15米甚至更高。这些巨浪以巨大的力量撞击海岸，摧毁港口和城镇。

在2004年的节礼日，印度尼西亚海岸发生强烈地震。仅仅15分钟后，海啸袭击了附近的海岸，摧毁了城镇和度假村。海啸在印度洋上蔓延，90分钟后到达泰国和马来西亚。5个小时后，海啸登陆非洲。超过20万人丧生，数百万座房屋被毁。

如今，印度洋已建立了海啸预警系统。当地震来袭时，它会向附近的海岸线发出警告，让人们去内陆避难。

3分钟任务

迷你海啸

你需要：一个盛满水的碗、一本很重的书、桌子和一名成人助手

1. 将盛满水的碗放在桌子上。
2. 用书在桌子下方进行敲击，水的波纹就像迷你海啸。

3秒钟总结

海啸是地震引起的滔天巨浪。

地震导致海床附近的岩石移动，并伴随着大量的水的移动

海啸是海底地震引起的滔天巨浪

水可能在形成海啸之前慢慢枯竭

海啸上升，冲上海岸

海啸的浪远高于海平面，会淹没并摧毁远离海岸线的城镇

危险水域

30秒大揭秘

世界各地的海底都散落着失事船只的残骸，这提醒我们，海洋可能非常危险。水手必须意识到海洋可能有的各种危险，并随时保护自己的安全。

海岸地貌是一种危险的水域，暗礁和沙洲可能就潜伏在水面之下。粗心的船只会在这些地方搁浅，锯齿状的岩石会在船体上留下一个洞，水会涌进船里，使船只沉没。冰山是寒冷海洋中的危险物。

天气也可能变幻莫测。强风可能会使船只触礁。浓雾可以隐藏危险，使船只迷失方向、搁浅，或撞在一起。

海浪、潮汐和洋流也会给船只带来危险。洋流在离岸碰撞的地方，有时会形成漩涡。这些漩涡会困住船只，把它们卷入水底。

幸运的是，人们采取了安全措施来防范这些危险。灯塔、灯塔船和雾灯都可以用来警告有锯齿状的岩石。浮标标示安全航线，帮助船只避免碰撞。船上的雷达和卫星导航使水手能够准确定位自己的位置，避免危险。

3秒钟总结

沿海水域有许多危险，包括暗礁和湍急的水流。

小知识

劫掠失事船货物者

在过去的日子里，被称为劫掠失事船货物者的人使用假灯光来掩饰海岸的真实形状，并引诱船只触礁。当货物被冲上岸时，他们会偷走赃物！

沿海水域的船只都会遇到危险

海平面上升

30秒大揭秘

地球的气候正在变暖，这使得全世界的海平面上升。这给沿海城镇带来了更多的洪水暴发的风险。但是，海平面是如何上升的，为什么会上升？

大气的变化影响了气候。在空气中，像二氧化碳这样的气体就像温室里的玻璃一样，会吸收太阳的热量，它被称为温室效应。几百万年来，它使地球保持温暖和舒适。但现在汽车、工厂、城市和发电站的污染产生了更多的二氧化碳，吸收更多的热量，使地球过热。

气温上升导致极地地区巨大的冰原融化，大量的水流向海洋。海水在温度升高的同时也会膨胀。所有这些因素都使海平面上升。沿海城镇正在修建海堤和其他防御设施，试图阻止海水进入海湾。

融化的冰盖

你需要：量杯、透明塑料容器、冰块、造型黏土和记号笔

1. 模制一个约4厘米高的黏土“岛”，正好可以放入塑料容器。
2. 把“岛”放在容器里，然后把3~4块冰块放在“陆地”的顶部。
3. 在容器中加入冷水，直到水的高度至少达到岛的三分之一。用记号笔在容器的外面标出水位。
4. 离开你的“岛”几个小时，或者等到所有的冰块都融化。水位发生了什么变化？

3秒钟总结

全球变暖使海平面上升，增加了沿海暴发洪水的风险。

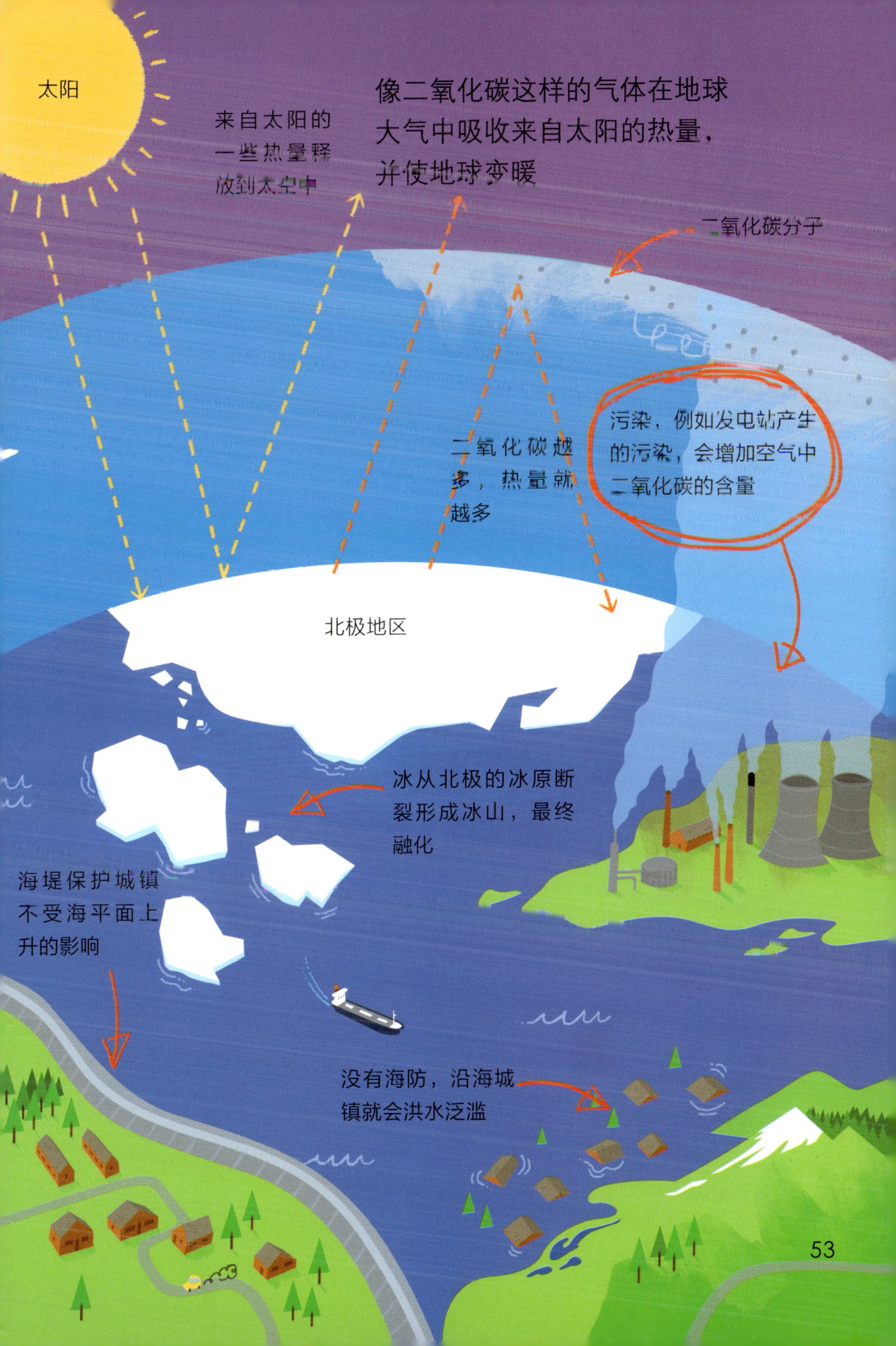
太阳
来自太阳的一些热量释放到太空中
像二氧化碳这样的气体在地球大气中吸收来自太阳的热量，并使地球变暖
二氧化碳分子
二氧化碳越多，热量就越多
污染，例如发电站产生的污染，会增加空气中二氧化碳的含量
北极地区
冰从北极的冰原断裂形成冰山，最终融化
海堤保护城镇不受海平面上升的影响
没有海防，沿海城镇就会洪水泛滥

探索海洋

船是在史前时代发明的，到15世纪晚期，欧洲的水手开始探索海洋。至1900年，我们已经有了精确的地图，但是对于地表下黑暗、神秘的世界，我们几乎一无所知。现在，由于现代科技的发展，深海的奥秘正在被发掘。

船舶

30秒大揭秘

第一艘船大约是在10 000年前建造的，是简单的木筏和独木舟，由自然漂浮的材料制成，例如木头和芦苇。这些船被用来捕鱼，并载运人员和他们的物品穿越河流、湖泊和沿海水域。后来，大约5 000年前，帆第一次利用风的力量，开启更远的旅程。古埃及人、后来的北欧海盗、阿拉伯人和中国人都是伟大的造船者和水手。

19世纪是伟大的航海时代。在这个时候，被称为快船的快速船只载着货物在海洋上疾驰。蒸汽机——这个时代的新发明——被用来驱动船舷上的明轮，后来又用来驱动船尾的螺旋桨。（如今，柴油发动机、燃气轮机和核反应堆被用来驱动船只的螺旋桨。）从19世纪中期开始，船开始由木头建造变为金属制造。

现代船只有很多用途，形状和大小各异。例如，有运输石油和天然气的巨大油轮，还有被称为航空母舰的大型海军舰艇，可以舰载作战飞机。

3秒钟总结

自史前时代以来，船只用于载人和货物。

3分钟任务

为什么重物会漂浮

你需要：造型黏土和一碗水

现在许多船是由重金属制成的，重金属会自然下沉。船浮起来是因为船的重量仍然小于它排出的水的重量。船的形状也有助于漂浮。船舱里充满了空气。可以用一块造型黏土做浮力的实验。如果你把黏土揉成圆球，它就会沉下去，没入水中。如果你把它做成一个有薄边的船形，它就会浮在水面上。

如今：集装箱船

建造这些船是为了在海洋上运载大量货物

如今：游轮

客轮包括渡船、豪华游轮和水翼船，它们可以在水上滑行

19世纪：快船

在19世纪，快船被用来做环球航行。它们有三根桅杆，速度很快

19世纪：桨轮蒸汽船

这种船由蒸汽机驱动桨轮在水上行驶

随着时间的推移，船已经从小型的木制划艇发展到以柴油发动机为动力的大型金属船

5 000年前：维京海盗船

被称为长船的维京海盗船有船帆和桨

10 000年前：竹筏

最早的一种船，是一种用树干做的简单的独木舟

探险时代

30秒大揭秘

在古代，波利尼西亚人、阿拉伯人和维京人这样的民族探索海洋，寻找新的定居地，寻找金银等财富，或者只是冒险。波利尼西亚人探索太平洋，维京人横渡大西洋到达北美洲，阿拉伯人在印度洋上航行。他们做这一切时没有地图或任何导航设备。

欧洲的探险时代始于15世纪晚期。1492年，克里斯托弗·哥伦布横渡大西洋到达美洲。1498年，葡萄牙水手瓦斯科·达·伽马在印度洋航行。21年后葡萄牙船长斐迪南·麦哲伦横渡太平洋，环游世界。17世纪初，英国船长亨利·哈得孙对北冰洋进行了探索。后来，詹姆斯·库克在18世纪70年代对南大洋进行了探险。

船上的条件非常艰苦，食物和淡水常常短缺。最主要的食物是坚硬的饼干，上面经常爬满了蛆。许多水手得了维生素C缺乏症，这种病是由于缺乏含有维生素C的新鲜水果而引起的。船上的纪律也很严苛。如果你犯了错误，就会被绳抽打。

3分钟任务

船员们！

做一些有趣的研究，并将探险者（左）与他们最著名的船（右）相匹配。为什么不找一个朋友发起挑战，看看谁能先完成呢？

克里斯托弗·哥伦布	“奋进号”
瓦斯科·达·伽马	“圣玛丽亚号”
斐迪南·麦哲伦	“特立尼达号”
亨利·哈得孙	“探索号”
詹姆斯·库克	“加布里埃尔号”

3秒钟总结

欧洲水手在15世纪后期开始探索海洋。

从15世纪后期开始，探险家前往大海，历经艰难险阻，寻找新的陆地

英国探险家詹姆斯·库克船长进行了三次伟大的海上航行

他第一次从英国横渡大西洋到达太平洋和大洋洲，然后返回英国

饮用水匮乏，所以水手们只能喝啤酒和朗姆酒

土豆被带到欧洲

食物中经常爬满蛆虫

惩罚包括龙骨牵引，意思是一个人被绑在一根绳子上，然后吊到船下

水下世界探险

30秒大揭秘

早在公元前4世纪，古希腊人用潜水钟做过实验，潜水钟是一个充满空气、底部开口的钟形桶。但是，我们所知道的水下探险直到19世纪才开始，那时人们发明了一种带沉重头盔的橡胶潜水服。然而，潜水员通过管子从水面吸入空气，毕竟行动不便。

20世纪40年代，潜水肺的发明彻底改变了海底探险。潜水员的背上绑着一箱压缩空气，可以自由漫步。戴水肺的潜水员可以潜到50米深，而那些潜水深度超过50米的人则需要使用不同的压缩气体混合物来降低患“弯曲症”的风险。“弯曲症”是一种潜在的致命疾病，会使潜水员的血液中产生氮气气泡。所有的潜水者必须缓慢上升以避免患“弯曲症”。

当戴水肺的潜水员在水下探险时，科学家们乘坐被称为潜水器的小型潜艇潜入深海。遥控飞行器，或称ROV，是一种从海洋深处扫描、测量和采集样本的无人驾驶飞行器。1960年，两名勇敢的探险者乘坐深海潜水器到达了海洋最深处——被命名为“深海挑战者”的马里亚纳海沟深10 920米处。

3秒钟总结

潜水员、潜艇、无人及载人潜水器在水下探索。

小知识

声呐

声呐系统被用来绘制海底地图。船只或水下扫描器把声音脉冲对准海底，并测量回声从海底反弹所需的时间。声呐被用来确定海底山脊、海沟和被称为海山的山丘的位置。

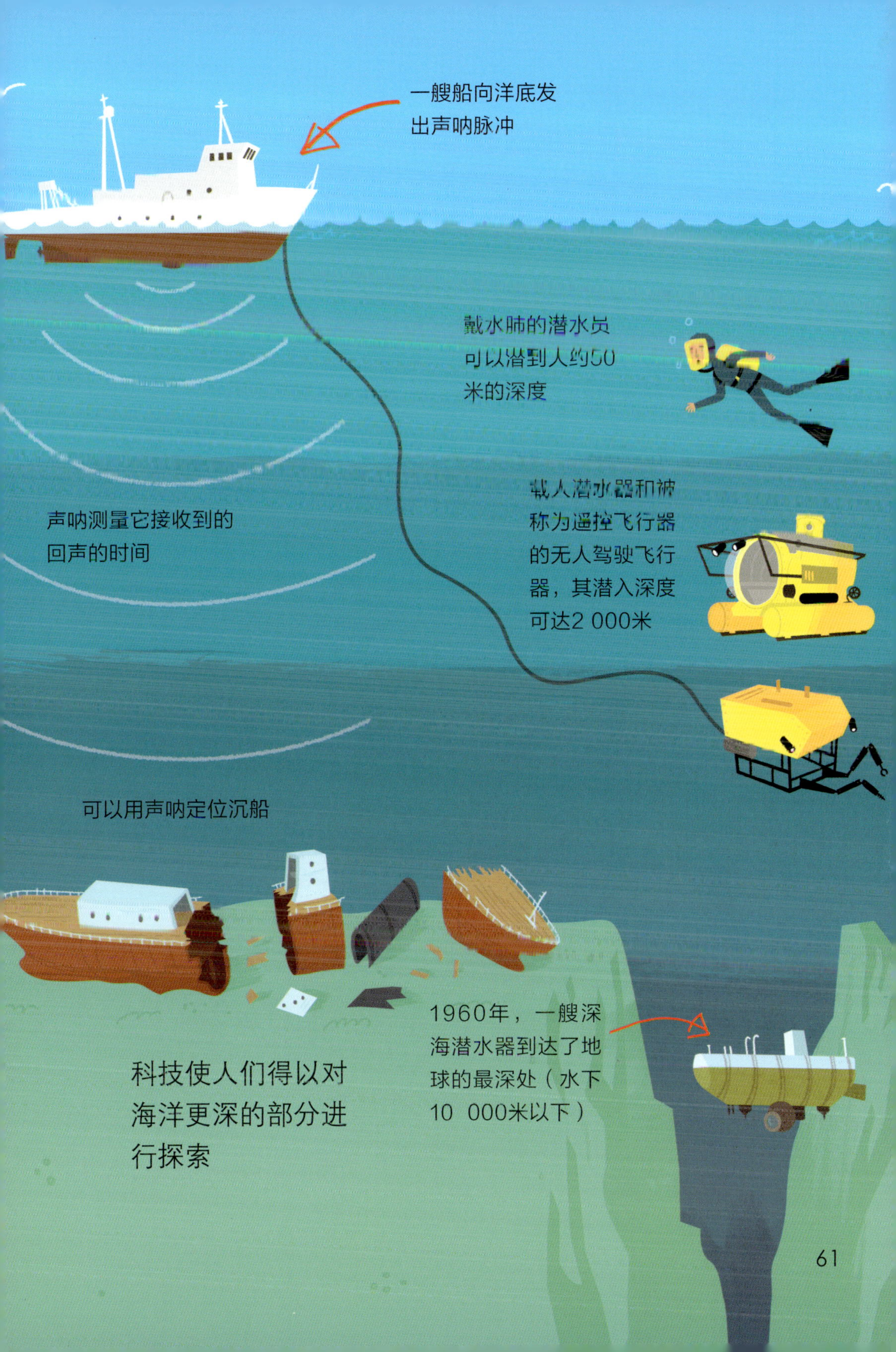
一艘船向洋底发
出声呐脉冲
戴水肺的潜水员
可以潜到大约50
米的深度
载人潜水器和被
称为遥控飞行器
的无人驾驶飞行
器，其潜入深度
可达2 000米
声呐测量它接收到的
回声的时间
可以用声呐定位沉船
1960年，一艘深
海潜水器到达了地
球的最深处（水下
10 000米以下）
科技使人们得以对
海洋更深的部分进
行探索

海底黑烟囱

30秒大揭秘

1977年，科学家在探索太平洋海底山脊时得到了一个惊人的发现。他们发现高大的岩石烟囱喷出黑压压的热水和矿物质。这些被称为“黑烟囱”的奇怪构造，现在在深海的其他地方也被发现。

黑烟囱形成于火山脊岩石的喷发口或裂缝处。海水渗入裂缝中，被下面的熔岩加热，并与矿物混合。当它滚烫的时候，会像间歇泉一样从喷发口喷出。随着时间的推移，喷发口周围的矿物堆积起来，形成了高达10米的烟囱。

黑烟囱是一种奇特的构造，令人惊奇的是，它们是地球上独一无二的生物家园。长达3米的奇特管虫、螺、无眼虾、蜘蛛蟹和鳗鱼都在喷发口处旺盛生长。

这些生物忍受加热到300℃以上的有毒矿物质和水。一些物种的生存要归功于细菌及其周围的微生物，它们利用这些矿物质制造食物。

制作一个黑烟囱

你需要：小塑料瓶、醋、洗碗盆、食用色素和小苏打

1. 将装有一半醋的塑料瓶放在洗碗盆里。
2. 加入两种食用色素，使醋的颜色尽可能深。
3. 加入一汤匙小苏打粉。退后，看看你的“黑烟囱”爆发！

3秒钟总结

黑烟囱是喷出滚烫黑水的火山口。

生活在黑烟囱里的
生物已经适应了在
黑暗和高温中生活
管虫依靠生活在
烟囱里的细菌来
获取营养
有些虾没有眼睛，因
为海水太深，完全没
有光线
贻贝从水中或生
活在烟囱里面的
细菌中摄取食物
鳗鱼捕食其他在喷
发口附近的动物
雪蟹吃的细菌
生活在它们的
胸部和钳子上
喷发口附近的
螺以细菌为食
过热的液体从喷
发口喷射出来
食物链是以细菌为基础的，细
菌利用来自喷发口液体中的矿
物质形成食物

潜水寻宝

30秒大揭秘

在部分海洋的海底，有金、银、珍珠等惊人的珍宝。其中大部分来自旧时的沉船残骸，但因地震或海啸而沉没的沿海城市也可能含有珍贵的物品。海洋考古学家和打捞专家发现了沉入海底的宝藏，并将其打捞出水面。

在过去，任何人都可以潜水寻找沉没的宝藏，但现在海洋考古受法律控制，并使用最先进的技术来进行。沉船和沉没的城市可以用声呐定位。在浅水区，海洋考古学家可以潜到水下拍照。吹气机或吸尘器被用来清除沉船残骸中的沙子、泥浆和碎片。

潜水器和遥控飞行器被用来定位深水中的沉船。1985年，科学家在大西洋海底发现了“泰坦尼克号”残骸，其深度超过3 700米。在海底70年后，这艘撞上了冰山的著名邮轮上的珍宝被从海底打捞出来。

1977年，最富有的宝藏船之一“托洛萨号”在加勒比海被发现。1724年，这艘西班牙帆船被飓风击沉，沉船时船上装有大量金银、珍珠和钻石首饰。

3秒钟总结

海洋考古学家找到沉船和沉没的城市，并把宝藏打捞出水面。

小知识

迷失的城市

公元前1世纪，埃及女王克娄巴特拉在地中海沿岸的亚历山大建造了一座宫殿。后来，地震和海啸淹没了这座城市。1996年，考古学家找到了这座宫殿，在现场找到了雕像和其他无价之宝。

深海潜水员和考古学家在海底工作，寻找沉船和财宝

考古学家在打捞它们之前先将其记录下来

“托洛萨号”上载有黄金、白银和钻石

潜水员沿着海底移动一个叫象限仪的网格，以帮助他们找到小物件

虾
螃蟹
鲱鱼
蚌
牡蛎
鲭鱼
蛤蚌
鲑鱼

利用海洋

海洋含有重要的资源，并且为我们提供食物、矿物和能源。几千年来，我们一直利用海洋进行贸易和运输。在世界各地，城市、港口和度假村都依靠大海来生活。然而，我们对海洋的利用现在正造成污染等问题。

来自海洋的食物

30秒大揭秘

自古以来，在海洋及其周围发现的动植物为人类提供了食物。从鱼、虾、螃蟹、龙虾到海带都可以吃。

在沿海城区，渔民使用传统的鱼钩和小渔网捕鱼，但商业捕鱼现在是一项高科技产业。现代捕鱼船使用声呐技术定位鱼群，并使用巨大的渔网捕捉它们。小型渔船必须每天返回港口，但工厂的船只会把他们的渔获物冻在船上，以便能在海上停留数日，捕到更多的鱼。

每年，从世界海洋中捕捞的鱼多达9 000万吨。许多种类的鱼已变得稀少。当没有足够的成鱼可以繁殖时，鱼的数量急剧下降。这个问题叫作过度捕捞。在某些水域，像鳕鱼这样的鱼几乎完全灭绝了。海豚、海豹和海龟等生物也死于渔网。

那么，我们可以做些什么来保护鱼类种群呢？国家限制了可捕鱼的数量。养鱼业对此也会有帮助，例如在海边的篮子里饲养贻贝，以减轻野生鱼类的压力。我们也可以吃一些不那么稀有的鱼。

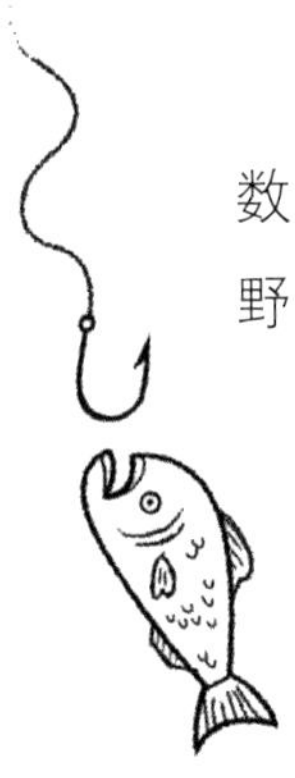

3秒钟总结

鱼是重要的食物来源，但过度捕捞使一些物种变得稀有。

小知识

海藻清除剂

海带可以供人们食用，许多家庭用品也含有海产品。在家里转转，看看化妆品、清洁用品或基本厨房用品（例如食用色素）中的成分。如果一个产品包含“藻酸盐”、“卡拉胶”或“贝塔胡萝卜素”，你看到的就是含有海藻的东西！

海洋提供了各种各样的食物，
从鱼类、贝类到海藻

鱼用冷藏卡车运输，
以保持新鲜

来自海洋的财富

30秒大揭秘

除了食物，海洋还蕴藏着许多自然珍宝。像锌、锡、铜和镍这样的矿物可以在海底的岩石中找到，就像金子和钻石一样，它们是由河流携带到海上的。深海中也有珍贵的岩石，叫作锰结核，其中含有矿物质，但将这些矿物质带到地表可能会很困难，而且费用昂贵。

除了矿物，海洋还含有石油和天然气等有价值的燃料。当科学家在海底岩石中发现成片的石油和天然气时，就可以建造一个石油平台来开采它们。石油钻井平台钻入海底以获取燃料，然后将其泵到需要的地方。

石油和天然气并不是海洋中唯一的能源，潮汐站利用潮汐的运动能量发电。虽然石油和天然气最终会被耗尽，但潮汐能是取之不尽用之不竭的，并且更加可持续。

3秒钟总结

海洋为我们提供有用的矿物质、燃料和能源。

3分钟任务

制作盐

我们的食物所需的大部分盐都来自海洋，海水流入了海岸的浅海盆地。水在阳光下蒸发，留下的盐能够收集起来。你可以在家试试这个。

你需要：浅碗、盐和阳光充足的位置

1. 在浅碗中注满水。
2. 放入三汤匙盐，搅拌至所有的盐全部溶化。
3. 将碗放在阳光充足的地方，每天检查一次。
4. 最终所有的水都会蒸发，留下盐结皮。

许多日常材料都是用海中
的天然产物制成的
人们在海中的平台上作业，
在海底钻探石油
海上建造的波浪能电站
把风能转化为能源
塑料车灯
夹层玻璃
汽车发动机零件
轮胎
日常用品中的塑料
都是由海水中的石
油制成的
收音机
塑料足球
腈纶地毯

海边生活

30秒大揭秘

沿海地区是人们最早定居的地方之一。除了食物之外，大海还促进了交通工具的形成和发展，而且常常是抵御侵略者的天然屏障。海岸仍然是生活、工作或度假放松非常受欢迎的地方。

在古代，村庄是在海湾和天然港口上发展起来的，可以为船只提供庇护。人们还沿着通往大海的河流定居下来，这些河流可以把人和货物运送到内陆。随着大洋彼岸新大陆的发现和贸易的扩大，沿海的小村庄变成了繁忙的港口，码头不断扩展。

18世纪工业革命开始后，建起了工厂加工从海上运来的货物，港口成为制造业的中心。现在，世界上许多大城市都位于海岸线上。

早在200多年前，人们就开始在海边度假了。20世纪50年代末，廉价航空开始出现，人们可以在国外度假。世界各地的偏远海滩上都成了旅游胜地。现在，数百万人拥向海边游泳、潜水、冲浪、航海，或者仅仅享受阳光。

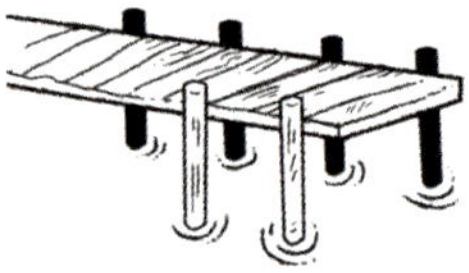

3秒钟总结

住在海边的人用海洋来工作、做生意、吃饭和娱乐。

小知识

海上城市

意大利的威尼斯是一个独特的城市，它实际上是建立在水上的118个小岛。那里没有公路和汽车，所以人们只能乘船四处游览。威尼斯数百年前发展成为一个重要的城市，因为商人可以从世界各地坐船来进行货物交易。然而现在，威尼斯正在下沉，部分原因是海平面正在上升。

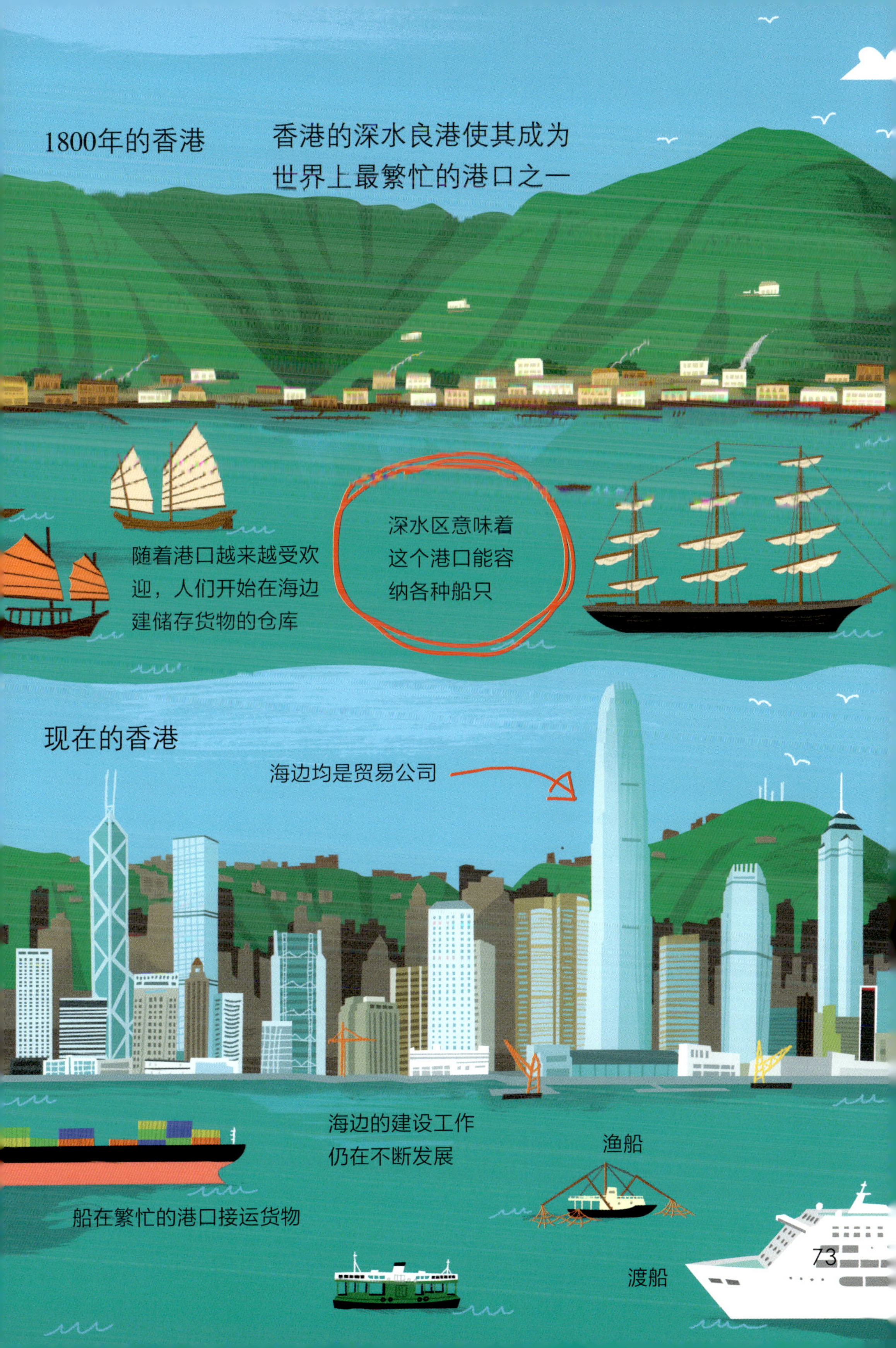
1800年的香港
香港的深水良港使其成为
世界上最繁忙的港口之一
随着港口越来越受欢
迎，人们开始在海边
建储存货物的仓库
深水区意味着
这个港口能容
纳各种船只
现在的香港
海边均是贸易公司
海边的建设工作
仍在不断发展
渔船
船在繁忙的港口接运货物
渡船

海洋污染

30秒大揭秘

随着世界人口的增长，我们对海洋的利用也在增加。很不幸，我们的许多人类活动对海洋造成了污染，这对海洋生态环境和海洋生物是有害的。

废物和有毒化学物质被排放到水中，或在海洋中燃烧，造成空气污染。陆地上的废物也是通过河流进入海洋的，包括沿海和沿河的城市、工厂和矿场产生污水，排放洗涤剂和其他类型的危险废料。化肥和杀虫剂用于农田，排入河流，最终流入大海。

几个世纪以来，人们一直认为海洋如此巨大，这一点污染不重要。我们现在知道，水中的危险废物被小型海洋生物吸收，并被带入食物链的上游。汞等有毒物质在海豚等食肉动物和金枪鱼等鱼类体内堆积，而它们又都是人类的食物。海洋中的废弃物也会危害珊瑚礁，因为珊瑚礁需要纯净的水才能茁壮成长。

石油泄漏是另一个污染源。当油轮搁浅或油井泄漏时，就会发生这种情况。2010年，墨西哥湾的一个石油钻井平台发生爆炸，形成了一个巨大的浮油层，覆盖了6 500平方千米的海域，花了很多年和数十亿美元才把它清理干净。

3秒钟总结

废弃物、垃圾和石油泄漏会污染海洋。

小知识

垃圾

我们丢弃的垃圾最终会被扔进海里，最后可能会被冲到海滩上。塑料、玻璃、金属和旧渔网最终都会出现在遥远的岛屿上，在那里，它们会困住或导致小鸟、海豹和海龟窒息。在开阔的海洋中，塑料随着洋流和潮汐漂流。

城市附近的浅海是海洋
中污染最严重的部分
海滨城市造成污染
油轮泄漏的石油
散布在海面上
海豚被污染的
鱼毒死了
农场排放的杀虫
剂流入海里
海洋哺乳动物
被石油杀死
海洋生物可能被
困在我们丢弃的
垃圾中而死亡
排放在海水中的
垃圾被冲上海滩
工业有毒废料从
河流流入大海

保护海洋

30秒大揭秘

海洋正面临着严重污染、过度捕捞和气候变化的威胁。我们可以做一些事情来帮助它们。越来越多的人参与到保护海洋的工作中。海洋影响着整个地球，所以任何能够帮助地球变得更干净、更健康的事情，我们都可以做。

各国政府通过防止过度捕捞、禁止向海洋倾倒废弃物以及在无法进行捕捞的地方建立海洋保护区，来保护海洋。大多数政府还将捕鲸等行为定为非法行为，这使得鲸的数量开始恢复。所有这些变化都会对海洋和世界产生积极影响。

保护工作也可以在较小的范围内进行。我们可以通过帮助我们当地和参与全球行动来拯救海洋，发挥重大的作用。

3分钟任务

拯救海洋

我们都可以保护海洋。这里有一些建议：

- 与一些朋友一起为生态项目筹集资金。也许当地的海洋或河流生态环境需要帮助。
- 通过减少能源使用来降低气候变化的影响。为什么不写便条来鼓励你的家人在不用灯和电脑的时候关掉它们呢？
- 尽可能重复利用家中的物品。塑料瓶、纸板和废纸很适合手工活动。
- 戴上手套，请大人监督，与朋友一起组织一次海滩或河流清理活动。

3秒钟总结

海洋保护是为保护海洋而做的工作。

各国政府、保护组织和普通民众都可以帮助保护海洋

颁布禁止捕鲸、保护稀有物种的法令

保护海洋保护区的珊瑚礁等栖息地

清理海滩，清除可能伤害动物的垃圾